조지 뮐러

믿음의 사람

네비게이토 선교회는
국제적이며 복음적인 기독교 기관이다.
예수 그리스도께서는 자기를 따르는 자들에게
"너희는 가서 모든 족속으로 제자를 삼으라"
(마태복음 28:19)는 지상사명을 주셨다.
네비게이토 선교회는 세계 모든 국가에서
예수 그리스도의 일꾼들을 배가시켜
이 지상사명의 성취를 돕는 것을
근본 목표로 하고 있다.

네비게이토 출판사는
네비게이토 선교회의 문서 선교를 담당하고 있다.
본 출판사에서는 그리스도인의 영적 성장을 돕는
서적과 자료들을 출판하여,
그리스도인의 삶의 기초가 견고한
헌신된 제자로 성장하게 하고,
나아가 성숙한 인격과 지도력을 갖춘
일꾼이 되도록 돕고 있다.

조지 뮐러
믿음의 사람

GEORGE MUELLER
MAN OF FAITH

A. 심즈 편저
Edited by A. SIMS

네비게이토 출판사
TO KNOW CHRIST AND TO MAKE HIM KNOWN

차 례

머리말

소지 뮐러는 '차갑고 계산적이며 이기적인 시대에 하나님의 살아 계심을 보여 주며, 전능하신 하나님의 팔을 붙들 때 어떠한 축복을 받을 수 있는지를 교회에 가르쳐 주기 위해서 특별히 세움을 받았던 19세기의 영적 거인'이었습니다. 이 소책자를 읽고 나면, 당신은 이와 같은 저자의 생각에 동의하게 될 것입니다.

이 시대의 긴급한 필요는 믿음, 바로 조지 뮐러와 같은 믿음입니다!

그가 가졌던 믿음은 무슨 특별한 종류의 믿음이 아니었습니다. 그의 믿음은 무슨 기적을 일으키는 그런 믿음이 아니었습니다. 그는 이렇게 말했습니다. "내가 가진 믿음은 하나님의 자녀라면 누구나 다 가질 수 있는 그런 믿음입니다."

우리는 어떻게 우리의 믿음을 키울 수 있습니까? 조지 뮐러에게 묻는다면, 그는 이렇게 대답할 것입니다.

"기꺼이 값을 치르십시오. 무슨 값을 치르느냐고요?

— 하나님의 말씀을 공부하고 그 축복의 약속을 믿으십시오.

— 죽는 날까지 살아 계시는 하나님을 섬기는 삶을 살겠다고 다짐하십시오.

— 의의 길을 따라 걸으며 마음에 죄악을 품지 마십시오.

— 어린아이와 같이 단순하게 하나님을 신뢰하십시오."

조지 뮐러의 믿음은 요나의 박넝쿨이 아니었습니다. 그의 믿음은 서서히 자랐습니다. 그것은 하나님의 말씀과 함께 자라 갔으며, 하나님과의 개인적인 교제를 통해 꽃을 피우고, 시련과 역경과 고난과 실패를 통해 열매를 맺었습니다. 그는 이 모든 어려움들을 하늘에 계신 하나님께서 그의 앞길에 사랑으로 놓아 주신 디딤돌로 여기고 환영했습니다.

이 책자를 끝까지 꼭 읽어 보기 바랍니다. 여기에는

‘차갑고 계산적이며 이기적인’ 우리 시대를 위한 메시지가 들어 있습니다. 이 메시지를 한마디로 요약하면 다음과 같을 것입니다.

> 하나님의 말씀으로 당신의 영혼을 살찌우십시오. 그 말씀을 따라 사는 만큼 당신의 믿음은 자랄 것입니다.

조지 뮐러와의 대화

다음은 조지 뮐러가 세상을 떠나기 일 년 전, 찰스 파슨스 목사가 그를 방문하여 한 시간 동안 그와 나눈 이야기를 정리한 것입니다.

어느 화창한 여름날, 나는 숲 그늘을 따라 브리스틀의 애슬리힐을 서서히 걸어 올라갔습니다. 고갯마루에 올라서자 2천 명이 넘는 고아들의 안식처인 커다란 건물들이 눈에 들어왔습니다. 이 고아원은 믿음에 관한 가장 놀라운 교훈을 이 세상에 주었던 한 사람에 의해 세워졌습니다.

오른편에 첫 번째 건물이 자리하고 있었는데, 바로 이 건물 안에 고아들의 아버지 조지 뮐러가 고아들과 함께 살고 있었습니다. 고아원 정문을 들어서 지나는 길에 나는 잠시 발을 멈추어, 60만 달러를 들여 건립한 다섯 동의 건물 가운데 하나인 제3건물을 눈여겨보았습니다.

벨 소리를 듣고 한 아이가 나와서 높은 돌계단을 따라 그 고아원의 창시자가 있는 방으로 나를 안내했습니다. 그는 91세의 노인이었습니다. 그의 앞에 섰을 때, 나의 마음은 존경심으로 가득 찼습니다. "너는 센 머리 앞에 일어서고 노인의 얼굴을 공경하며"(레위기 19:32).

그는 진심에서 우러나오는 악수로 나를 반갑게 맞았습니다. 하나님께 쓰임을 받아 위대한 일을 이룬 사람을 만나 본다는 것만 해도 보통 일이 아니었습니다. 그것은 단지 그의 목소리를 듣는 것 그 이상이었습니다. 바로 목전에서 그의 영혼을 접하며, 가까이에서 그의 숨결을 직접 느낄 수 있다는 것이 무엇보다도 큰 특권이었습니다.

그와 자리를 함께했던 그 시간은 죽을 때까지도 나의 기억에서 떠나지 않을 것입니다. 이 하나님의 종은 마음을 열어, 내게 조언을 해주고, 나와 함께 기도

하며, 그가 받은 축복을 내게 나누어 주었습니다.

그 시간 그와 함께 나눈 이야기를 통해 조지 뮐러의 위대한 영적 능력의 근원이 확연하게 밝혀졌습니다. 연로한 나이에도 불구하고 정정한 이 노성도는 시종일관 한 가지 주제, 곧 자기 백성들의 기도를 들으시고 응답하시는 하나님을 찬양하는 일에 초점을 맞추어 열변을 토했습니다. 내가 했던 말은 거의 없었습니다.

"선생님, 주님께서는 언제나 그분의 약속을 신실하게 지켜 주시던가요?"

"그럼요. 주님께서는 한 번도 약속을 어기신 적이 없습니다! 이 일을 시작한 지 거의 칠십 년이 다 되었지만, 지금껏 이 일에 관계된 필요들이 하나라도 채워지지 않은 것이 없습니다. 지금까지 이곳을 거쳐 간 고아들의 수가 9천5백 명을 헤아리지만, 그동안 양식이 없어 식사를 못했던 적은 한 번도 없습니다. 일전 한 푼 없이 하루를 시작한 때도 수백 번이나 있었지만, 하늘에 계신 우리 아버지께서는 정작 때가 되면 모든 필요들을 다 채워 주셨습니다. 양식이 없어 정상적인 끼니를 걸렀던 적은 한 번도 없습니다. 지금까지 나는 살아 계시는 하나님만을 의뢰해 올 수 있었습니다. 그동안 기도 응답으로 750만 달러를 받았습니다. 한 해에 20만 달러씩이나 필요했는데도, 필요가 있을 때마다 다 채워졌습니다. 나는 사람에게는 한 푼도 꾸거나 도움을 청한 적이 없습니다. 우리에게는 어떤 후원회라든가 위원회 또는 이와 유사한 지원 단체라곤 하나도 없습니다. 모든 필요가 믿음의 기도의 응답으로 채워졌습니다. 하나님께서는 여러 가지 방법으로 전 세계에 걸쳐 사람들의 마음을 움직여 우리를 돕게 해주셨습니다. 내가 기도를 할 때면 하나님께서는 이 대륙 저 대륙의 사람들에게 우리를 도우라고 말씀해 주시는 모양입니다. 바로 요전날 설교를 할 기회가 있었는데, 설교가 끝나자 한 신사가 거액의 수표를 써서 나에게 건네 주더군요."

"선생님, 나는 선생님의 생애에 대한 이야기를 읽고 나서 선생님의 믿음이 때때로 엄청난 시련을 겪기도했다는 것을 알았습니다. 지금도 그렇습니까?"

"내가 당하는 믿음의 시련은 어느 때와 마찬가지로 지금도 여전하며, 내게 닥친 어려움은 그 어느 때보다 큽니다. 재정적인 문제 이외에도 우리는 우리와 함께 일할 수 있는 사람들을 찾아야 하며, 또 끊임없이 생겨나는 수백 명의 고아들을 수용할 수 있는 적절한 시설을 마련해야 합니다. 어떤 때는 우리가 가진 돈이 거의 바닥나는 경우도 있었습니다. 지난주만 해도 우리는 거의 빈털터리가 되었답니다. 나는 나의 사랑하는 동역자들을 불러 모아 놓고, '기도합시다, 형제들. 기도하세요'라고 격려했지요. 그러고 나서 얼마 후 곧 5백 달러가 들어왔고, 잇달아 천 달러, 그리고 며칠 후에는 7천5백 달러가 들어왔답니다. 그러나 우리는 믿음의 기도를 계속하고 있습니다. 살아 계시는 하나님을 의뢰할 수 있다는 것은 얼마나 좋은 일인지요. 하나님께서는 "내가 과연 너희를 버리지 아니하고 과연 너희를 떠나지 아니하리라"(히브리서 13:5)고 약속하셨습니다. 하나님께 큰 것을 기대하십시오. 그러면 큰 것을 얻게 될 것입니다. 하나님께서는 능력이 무한하십니다. 주님의 영화로운 이름을 찬양합니다. 모든 것들에 대해 주님을 찬양합니다. 나는 내게 보내 주신 10센트를 인해 그때마다 얼마나 하나님을 찬양했는지 모릅니다. 6만 달러를 보내 주셨을 때도 나는 또한 주님의 이름을 찬양했습니다."

"기금을 마련하는 문제에 대해서는 한 번도 생각해 보신 적이 없는 것 같군요."

"달리 생각하는 사람도 있겠지만, 나에게 있어서는 그렇게 하는 것은 참으로 어리석은 짓입니다. 적립해 둔 기금이 있으면 어떻게 기도할 수 있겠습니까? 그럴 때 하나님께서는 내게 이렇게 말씀하셨을 것입니다. '조지, 기금이 있지 않느냐? 그 기금을 사용하도록 하려무나.' 기금이라니요? 그런 건 한 번도 생각해 본 적이 없습니다. 우리의 기금은 하늘에 있습니다. 살아 계시는 하나님께서 우리의 모든 필요를 충분하게 채워 주십니다. 나는 1달러가 필요할 때도 하나님을 의뢰했고, 수천 달러가 필요할 때도 하나님을 의뢰했지만, 하나님께서는 언제나 그때그때 우리의 필요들을 다 채워 주셨습니다. '젊은 사자는 궁핍하여 주릴지라도 여호와를 찾는 자는 모든 좋은 것에 부족함이 없으리로다'(시편 34:10)라는 말씀대로였습니다."

"물론 자신을 위한 저축도 생각해 보신 적이 없겠군요?"

나는 그때 이 위대한 믿음의 사람의 얼굴에 서렸던 근엄한 표정을 쉽게 잊어버리지는 못할 것입니다. 그는 내 맞은편에 앉아 무릎을 나와 맞대고, 두 손은 깍지를 낀 채 몸을 앞으로 숙여 깊은 생각에 잠긴 그윽한 눈길로 마루를 내려다보며 이야기했었습니다. 그런데 이 질문을 받고는 갑자기 똑바로 몸을 세우더니, 내 얼굴을 수분 동안 정시하는데, 그 눈매가 내 영혼을 아프게 파고드는 것만 같았습니다. 영적 통찰력을 가지고 하나님의 깊은 비밀을 투시해 온 그 혜안 속에는 높은 위엄이 깃들어 있었습니다. 그 질문이 그에게 역겹게 들렸던 것인지, 아니면 아직도 없어지지 아니하고 남아서 그를 부추기는 '옛 자아'를 건드렸던 것인지는 모르겠지만, 어쨌든 그의 마음을 착잡하게 했던 것은 사실인 것 같습니다. 이렇게 그는 얼굴로 그의 메시지를 대변하고 있었습니다. 그의 깊은 눈 속에서는 마치 불꽃이 이는 것 같았습니다. 잠시 후 그는 코트 단추를 풀고 주머니에서 낡은 지갑을 하나 꺼내, 내 손에 넘겨주며 조용히 말했습니다. "내가 가진 돈은 다 그 지갑 안에 들어 있고, 그것 말고는 일전 한 푼도 더 없어요. 저금을 해요? 나를 위해 사용하라고 보내 준 돈도 나는 하나님께 가져갑니다. 누군가 내 앞으로 5천 달러를 보내 준 적도 있었지만, 나는 그것을 내 것이라고 생각하지 않았습니다. 그것은 하나님께 속한 것이기 때문이지요. 나를 위해 저금을 하느냐고요? 나는 저금을 하지 않습니다. 그것은 나를 사랑하시고 은혜로 모든 필요들을 채워 주시는 아버지를 불명예스럽게 하는 일이라고 생각하기 때문입니다."

나는 그에게 지갑을 되돌려 주었습니다. 그는 그 지갑 안에 들어 있던 돈의 액수를 말해 주었습니다. 또 그가 고아원과 성경 연구를 위해 투자했던 금액에 대해서도 알려 주었지만, 그것을 내 임의로 여기에 밝힐 수는 없습니다.

이 연로한 하나님의 종이 75-87세에 걸쳐 42개국을 전도 여행하던 중 수천수만 킬로미터나 떨어진 이국에서 그의 모든 필요들이 어떻게 채워졌는지에 대해서 이야기할 때, 그의 얼굴은 흥분이 되어 뜨겁게 달아올랐습니다. 거의 모든 나라에서 수십만이나 되는 사람들이 그의 설교를 들으려고 나아왔습니다. 그의 설교는 주로 구원을 주제로 한 단순한 메시지나 살아 계시는 하나님을 의뢰하라고 격려하는 것이었습니다. 그는 다른 어떤 것들보다 그의 설교에 대해서 많이 기도했는데, 어떤 때는 일주일 내내 기도했지만, 강단에 오를 때까지도 계속 기도해야만 한 경우도 있었다고 말했습니다.

나는 그에게 무릎을 꿇고 지내는 시간이 많으냐고 물었습니다.

“날마다 몇 시간씩은 기도를 합니다. 그러나 순간순간 기도하는 마음으로 삽니다. 걸으면서도 기도하고, 자리에 누울 때나 일어날 때도 기도합니다. 그러면 응답은 반드시 옵니다. 나는 수만 번의 기도 응답을 받았습니다. 일단 어떤 것이 옳다는 확신이 들면, 나는 끝까지 그것을 위해 계속 기도합니다. 결코 도중에 그만두지 않습니다.”

이 말들을 할 때 그의 목소리에는 기쁨이 넘쳐흘렀습니다. 그것은 승리의 환호와도 같았으며, 그의 얼굴은 거룩한 기쁨으로 빛났습니다. 그는 자리에서 일어나 테이블 둘레를 왔다 갔다 하며 그의 이야기를 계속했습니다.

“나의 기도에 대한 응답으로 수많은 영혼들이 구원을 받았습니다. 나는 하늘나라에서 수만 명이나 되는 그들을 만나게 될 것입니다.”

잠시 또 침묵이 흘렀습니다. 내가 아무 말이 없자 그는 말을 계속해 나갔습니다. "중요한 것은 응답을 받을 때까지 결코 포기하지 않는 것입니다. 나는 52년간을 계속해서 날마다 친구의 두 아들을 위해 기도해 왔습니다. 그들은 아직도 변화가 없지만, 언젠가는 필시 하나님 앞에 나아오게 될 것입니다. 여호와 하나님의 변함없는 약속을 근거로 해서 기도할진대, 그렇게 되지 않을 리가 없지요. 하나님의 자녀들이 저지르는 큰 잘못 가운데 하나는 기도를 계속하지 않고 중간에 포기하는 것입니다. 지칠 줄 모르는 끈기와 인내가 없는 것입니다. 하나님의 영광을 위해서 어떤 것을 구할 때는, 받을 때까지 계속해서 기도해야 합니다."

"우리 주님께서는 참으로 선하시며, 은혜를 넘치게 주시는 좋으신 분입니다. 하나님께서는 아무런 자격도 없는 나에게 구하는 것이나 생각하는 것에 훨씬 더 넘치게 필요를 채워 주셨습니다. 나는 불쌍하고 보잘것없는 죄인에 불과하지만, 하나님께서는 나의 기도를 수만 번이나 들어주시고, 이 나라에서뿐 아니라 다른 나라들에서도 수많은 영혼들을 진리의 길로 인도하는 일에 나를 도구로 사용해 주셨습니다. 어설픈 나의 입술을 통해서 구원의 소식이 선포되고, 이로 인해 많은 사람들이 믿고 영생을 얻게 되었습니다."

나는 그에게, 이 일을 처음 시작했을 때 그것이 어느 규모로까지 커질 것인지를 생각해 본 비가 있었느냐고 물었습니다. 처음 이 일이 월슨 가에서 어떻게 시작되게 되었는지를 이야기하고 나서 그는 이렇게 말했습니다.

"나는 단지 하나님께서 이 일에 함께하시며, 또 그분의 자녀를 전례 없는 미개척지의 길로 이끌어 가고 계시다는 것을 알았을 뿐입니다. 하나님께서 함께해 주신다는 확신이 나의 정신적인 지주가 되었습니다."

"지금까지 이 일을 쭉 해오시면서 낙담되는 경우도 많이 있었을 것이라고 생각됩니다만…?"

"그런 일들이 무척 많이 있었지요. 그러나 나의 피난

처는 언제나 하나님 안에 있었습니다. 하나님의 약속의 말씀 안에서 내 영혼은 쉼을 누릴 수 있었습니다. 하나님을 의뢰할 수 있다는 것이 얼마나 좋은 일인지요. 그분의 말씀은 결코 헛되이 돌아오는 일이 없습니다. '피곤한 자에게는 능력을 주시며, 무능한 자에게는 힘을 더하시나니'(이사야 40:29). 이 사실은 또한 나의 목회 사역에도 그대로 적용되었습니다. 62년 전, 나는 영적으로 빈약하고 무기력한 설교를 했더랬지요. 그래서 내게는 아무런 힘도 주지 못했고, 또 다른 사람들에게도 역시 어떤 위로나 힘을 주지 못했을 거라고 생각했습니다. 그러나 오랜 세월이 지난 뒤, 나는 그 설교를 통해서 축복을 받았노라고 이야기하는 사람들을 열아홉 명이나 만났답니다."

나는 그에게, 나를 실망시켰던 일들에 대해서 이야기하며 하나님께 더욱 쓰임을 받고 싶다고 말했습니다.

그랬더니 그는, "틀림없이 하나님께서는 당신을 사용하실 것이오. 하나님께서는 당신을 축복하실 것입니다! 더욱 힘써 하나님의 일에 매진하도록 하십시오"라고 격려하는 것이었습니다.

"추수 터에서 수고하고 있는 다른 동역자들에게도, 사역에 관해 특별히 도움이 될 만한 조언을 들려주시면 감사하겠습니다."

"모든 일에 전적으로 하나님만을 의뢰하도록 하십시오. 당신 자신은 물론 당신의 사역을 하나님의 손에 맡기십시오. 어떤 새로운 일을 하려고 할 때는, '이것은 하나님의 뜻에 합당한가?', '이것은 하나님의 영광을 위하는 일인가?' 하고 반드시 질문해 보십시오. 그 일이 하나님의 영광을 위하는 일이 아니라면, 그것은 또한 당신을 위하는 일도 아니며, 따라서 그 일에서 손을 떼도록 해야 합니다. 이것을 명심하도록 하십시오! 일단 어떤 일이 하나님의 영광을 위하는 일이라고 확신했으면, 하나님의 이름으로 그 일을 시작하고 끝까지 계속해 나가도록 하십시오. 기도와 믿음으로 수행해 나가되 결코 도중에 그만두는 일이 없도록 하십시오."

"또 마음에 죄악을 품어서는 안 됩니다. 마음에 죄악을 품으면 주님께서 당신의 기도를 듣지 않으십니다. 항상 이 사실을 잊지 않도록 하십시오. 그리고 하나님을 신뢰하십시오. 하나님만을 믿고 하나님만을 바라며 기다리십시오. 하나님께서 베풀어 주실 놀라운 것들을 기대하십시오. 축복이 더디 온다고 실망하지 마십시오. 그리고 무엇보다도 우리의 크신 주님과 구주가 되시는 예수님의 공로를 의지함으로써, 당신이 드리는 기도와 당신의 사역이 하나님께서 받으실 만한 것이 되게 하십시오!"

나는 할 말이 없었습니다. 여기에 무슨 말이 더 필요하겠는가? 나의 눈에는 눈물이 글썽거렸으며 마음에는 감격이 흘러넘쳤습니다. 게다가 거기에는,

'말할 수 없는 경외심과
사랑이 충만한, 고요한 하늘나라가 있었습니다.'

그가 잠깐 자리를 비운 사이 방 안을 둘러볼 수 있었

습니다. 그야말로 소박하고 실용적인 가구들이 그 하나님의 사람과 잘 어울렸습니다. 하나님의 자녀가 화려한 옷과 가구를 사랑하며 호사스럽게 사는 것이 합당하지 않다는 것이 그의 신조였습니다. 그는, 머리 둘 곳도 없었을 정도로 검소하고 겸허한 삶을 사셨던 주님을 따르는 제자들에게는, 사치와 허영이란 도저히 용납될 수 없는 것이라고 믿었습니다. 책상 위에는 다른 노트나 신앙 서적도 없이 성경 한 권만이 덩그렇게 펼쳐져 있었습니다.

바로 이곳이, 차갑고 계산적이며 이기적인 시대에 하나님의 살아 계심을 보여 주며 전능하신 하나님의 팔을 붙들 때 어떠한 축복을 받을 수 있는지를 교회에 가르쳐 주기 위해서 특별히 세움을 받은 영적 거인의 처소였습니다.

나는 이 기도의 사도와 꼬빡 한 시간을 함께 보냈습니다. 도중에 문을 노크하는 소리가 나, 그가 가서 문을 열었는데, 거기에는 머리를 단정하게 빗은 한 소녀가 서 있었습니다. 그는 그 아이에게, "애야, 지금은

너를 만나 줄 수가 없구나. 조금 있다 다시 와 주겠니?"라고 말했습니다. 그래서 나는 이 믿음의 사람과, 방해를 받지 않고 대화를 계속할 수가 있었습니다. 그는, 마치 사람이 그 친구에게 이야기하듯 하나님과 대면하여 이야기했던 모세와도 같이, 91년간에 걸친 험한 순례의 길에 기도로써 하나님의 능력을 받아 사용했던 사람입니다. 내게 있어 그 한 시간은 하늘나라가 이 땅에 임했던 시간입니다.

그의 기도는 짧고 간단했습니다. 그는 무릎을 꿇고 기도했습니다. "오, 주님! 지금 주님 앞에 무릎을 꿇고 있는 이 사랑하는 주님의 종을 더욱더, 더욱더 축복하여 주시옵소서. 그리고 오늘 우리가 나누었던 이야기들과 주님의 이 사역에 대해 소개하는 글을 쓸 때 그의 펜을 주장해 주시옵소서. 우리의 주님이시요 구주가 되시는 예수 그리스도의 이름으로 기도드립니다. 아멘!"

조지 뮐러의 생애와 사역

영국 브리스톨의 애슐리다운 고아원의 창시자, 조지 뮐러는 1805년 9월 17일 프러시아에서 태어났습니다. 그는 하나님과는 상관없는 삶을 살다가, 스물 한 살 되던 해 어느 날, 신앙심이 깊은 한 상인의 집에서 열린 기도 모임에서 하나님 앞에 나아오게 되었습니다. 그 후 그는 곧 영국으로 건너왔는데, 소개장이나 돈이나 추천서라고는 하나도 없었고, 그에게 있는 것이라고는 오직 극히 불완전한 영어 실력뿐이었습니다. 그러나 그에게는 하나님이 계셨습니다. 영국 땅에 발을 디딘 바로 얼마 후 그는 그의 일지에 이런 말을 남겼습니다. **나의 남은 생애는 온전히 살아 계시는 하나님을 섬기는 것이 되어야 할 것이다.** 그는 성경 말씀에 근거한 원리를 따라 살았으며, 그의 이러한 삶은 죽을 때까지 일관되었습니다. 그는 어느 누구에게도 도움을 요청하거나, 도움이 필요하다는 암시도 주지 않았습니다. 오로지 믿음의 기도에 대한 응답으로 그는 약 750만 달러(현행 화폐 가치로 환산하면 약 4,000만 달러)의 현금을 받아 고아원 건물을 짓고 운영하며, 또 선교 사역의 지원 및 성경을 보급하는 일을 해낼 수 있었습니다.

만여 명에 이르는 고아들이 그 고아원에 수용되어 교육과 훈련을 받고 다시 세상으로 보내졌습니다.

생애 말년에 그는 42개국에 걸쳐 거의 30만 킬로미터를 두루 다니며, 3백 만의 영혼들에게 복음을 전했습니다.

이렇게 하나님을 섬긴 후, 1898년 3월 10일 이른 아침 93세를 일기로 그는 방에 홀로 누워 하나님의 부름을 받아 세상을 떠났습니다.

기도 응답들

조지 뮐러가 그의 생애 중에 받았던 놀라운 기도 응답들이 많이 있는데, 그중에 몇 가지를 여기에 소개합니다.

1853. 1. 13.[※] 참으로 곤란한 지경에 이르렀다. 빚을 졌다거나 돈이 하나도 없는 것은 아니다. 아직도 60달러가량이 있기는 하다. 그러나 밀가루 10부대, 천9백 킬로그램의 오트밀과 비누 4백 상자를 구입해야 한다. 집에는 손을 봐야 할 것들이 많이 널려 있어 인부를 쓰지 않으면 안 된다. 때문에 매주 약 280달러의 고정 지출 이외에도 지출할 게 많이 있다. 뿐만 아니라 그제 토요일에는 난방 장치에 이상이 있는 걸 발견했는데, 이것을 수리하려면 백 달러는 들여야 할 것 같다.

※ 당시 고아원에는 300명의 고아와 소수의 동역자들이 있었다.

따라서 이 모든 필요를 채우기 위해서는 5백 달러가 더 있어야 하겠다.

그러나 당장 5백 달러는 고사하고 2백 센트도 나오기 힘든 상황이다. 게다가 월요일은 지금까지의 관례로 보건대 수입이라고는 거의 기대해 볼 수가 없는 날이다. 그러나 오늘 아침 나는 고아의 집까지 걸어가면서 그럴지라도 필요한 돈을 보내 주십사고 하나님께 특별히 간구했다. 기도는 응답되었다. 말할 수 없이 기뻤다. 나는 한참 동안 기뻐서 방 안을 왔다 갔다 하며, 주님께 드리는 감사의 눈물로 두 뺨을 적셨다. 주님의 선하심을 인하여 주님을 찬양하며, 주님을 위해 이 사역에 온 몸과 마음을 드릴 것을 새롭게 다짐했다. 나를 도우시는 주님의 선하신 손길을 이처럼 뼈저리게 느낀 적도 없다.

1868. 9. 30. 요크셔로부터 250달러가 왔다. 또한 중국에서의 주님의 사역을 위한 헌금으로 5천 달러가 왔다. 이 헌금에 대해서 특별히 더 언급할 게 있다. 몇 달 동안이나 그 어느 때보다 더 중국 사역에 기여할

수 있기를 원해 왔는데, 이 헌금이 들어옴으로써 그것을 실행에 옮길 수 있게 된 것이다. 이 귀중한 기도 응답은 주님의 일에 자신을 드리고 있는 모든 사람들에게 큰 격려가 될 것이며, 특별히 주님의 일을 하는 데 돈을 필요로 하는 사람들에게 격려를 줄 것이다. 우리가 하고 있는 일이 주님의 일이며 우리가 이런 필요에 있어서 주님을 바라며 기다림으로 주님을 영화롭게 해드릴 때, 주님께서는 어김없이 주님의 때에 주님의 방법으로 우리의 필요를 채워 주신다는 사실을 새롭게 보여 주셨다.

기도의 응답을 통해 얻는 기쁨은 이루 말로 다 할 수 없으며, 이것이 영적 생활에 미치는 영향은 참으로 막대하다. 모든 그리스도인이 다 이 같은 기쁨을 누리며 살 수 있으면 얼마나 좋을까? 주 예수님을 통해 우리의 영혼이 구원을 받을 수 있음을 정말로 믿으며, 마음에 죄악을 품지 않고 의의 길을 걸으며, 인내와 믿음을 가지고 하나님을 기다리기만 하면, 기도 응답은 틀림없이 받을 수 있다. 누구나 다 나와 같은 식으로 주님을 섬기라고 부르심을 받지는 않았기 때문에, 여기에 기록된 것과 같은 기도 응답은 받지 못할지 모르지만, 가정이나 직장, 교회 등 자신이 처한 어떤 환경 가운데서나 각기 나름대로 다른 기도 응답을 받을 수 있을 것이다.

1869. 9. 4. 오늘 아침 나의 수중에는 1센트밖에 없었다. 천4백 명에 달하는 고아들을 먹여야 하는데, 고작 1센트라니…. 그런데 오늘 하나님께서는 우리를 어떻게 도우셨던가?

오전 아홉 시 조금 지나 주님 안에 있는 한 자매로부터 5달러가 왔는데, 그 자매는 어디 사는 누구인지를 밝히지 않았다. 열 시에서 열한 시 사이에 고아의 집으로부터 자루가 왔는데, 그 안에는 그날 약 6달러가 필요하다는 쪽지가 들어 있었다. 이것을 미처 다 읽기도 전에 집 앞에 마차 한 대가 달려와 멈추더니 맨체스터 부근에 사는 한 신사가 나를 찾는다는 전갈을 받았다. 그는 그리스도인으로, 사업차 브리스틀에 왔다가 고아원에 대한 이야기를 듣고는 나를 찾아온 사람이었다. 그는, 어떤 조직적인 후원이나 모금 방법도 없이,

또 어느 누구에게도 개인적인 도움을 호소하지 않고 오직 믿음과 기도로써 매년 만 달러 이상씩을 받아 고아원을 운영해 나가고 있다는 이야기를 듣고는 놀랐다는 것이다. 이곳에 오기 전까지는 얼굴 한 번 본 적 없고, 이름 한 번 들은 적이 없었던 이 형제는 내게 10달러를 건네줌으로써 우리의 필요가 채워지는 방법에 대한 또 다른 전례를 남겨 주었다.

1874. 7. 28. 몇 달 전부터 하나님께서는 우리에게 과거에 경험했던 어려움을 다시 겪게 하시는 것 같다는 생각이 든다. 1838년 8월부터 1849년 4월까지, 10년 이상을 우리는 거의 예외 없이 날마다 그날그날의 필요와 매끼 양식을 위해 하나님만 바라보며 지내야 했었다. 지금은 그때보다 규모가 20배나 되어 운영비가 대량으로 들기 때문에 어려움이 더욱 많은 것 같다. 그렇지만 하나님께서 이 모든 것들을 알고 계시며, 이것이 그분의 영광을 위하는 일이며 교회와 이 세상의 유익을 위하는 일이라는 것을 알 때, 마음에 위로가 되며 그분의 은혜로 내 생애가 다하는 날까지 기쁘

게 이 길을 따라 나갈 각오를 더하게 된다. 필요는 갈수록 더 많아지지만, 우리의 무한한 보고가 되시는 하나님께서 우리와 함께하신다. 이 사실이 내게 평안을 준다.

내 인생의 황혼기에, 1838년 8월부터 1849년 4월까지 겪었던 어려움을 다시 겪으며, 일 년에 약 12만 2천 달러가 소요되는 이 일을 해나가기를 주님께서 기뻐하신다면, 나는 그렇게 할 각오가 되어 있을 뿐 아니라 기쁜 마음으로 이 모든 믿음의 시련을 맞이할 것이다. 하나님께 영광이 되며 교회와 세상에 유익을 줄 수 있는 일이긴 하지만, 근래에는 이 돈에 대한 생각이 자주 머리를 스치곤 한다. 2천백 명에 이르는 고아들의 양식은 물론 그 밖의 다른 모든 필요들을 채워주어야 하는데, 내게는 돈이 하나도 남아 있지 않다. 또 189명의 선교사들을 지원해야 하는데 자금이 하나도 없다. 약 100개의 학교와 9천 명의 학생들을 지원해주어야 하는데 그들을 도울 돈이 없다. 해마다 4백만 장의 전도지와 수만 권의 성경을 인쇄해서 배포해야 하건만, 돈이 다 떨어지고 하나도 없다. 그러나 나는 여전히 내 앞에 놓여 있는 가능성을 믿는다. 나를 통해 이 일을 시작하신 하나님, 해마다 이 일을 점점 더 확장시켜 주신 하나님, 40년도 더 넘게 이 일을 도와주신 하나님께서 계속 나를 도와 곤궁에 빠지지 않게 해 주실 것이다. 내가 해야 할 일은 오직 그 하나님을 의뢰하며 모든 일을 다 그분의 손에 맡기는 것이다. 필요한 자금들이 어디서 어떻게 올지는 모르지만, 하나님께서는 앞으로도 우리의 모든 필요를 다 채워 주실 것이다.

다음 글은 새뮤얼 채드윅의 '기도의 길'에서 인용한 것입니다.

피어슨 박사가 조지 뮐러를 방문해 그 고아원에 머무른 적이 있었습니다.

어느 날 밤 모든 식구들이 다 잠자리에 들고 난 뒤, 조지 뮐러가 피어슨에게 함께 기도를 하자고 했습니다. 다음 날 아침 식사거리가 하나도 없다는 것이었습니다.

피어슨은 의아한 듯 그에게 모든 가게 문이 닫혔다는 사실을 이야기하려고 했습니다. 뮐러도 그것을 알고 있었습니다. 언제나와 마찬가지로 그는 그의 필요를 하나님께 가지고 나갔습니다. 뮐러는 기도했지만, 피어슨은 기도를 하려고 노력했다는 편이 옳았습니다. 기도를 마치고 그들은 잠자리에 들었습니다. 그런데, 놀랍게도 다음 날 아침 2천 명의 고아들은 어느 때와 마찬가지로 충분한 아침 식사를 할 수가 있었습니다. 뮐러도 피어슨도 기도가 어떻게 응답된 것인지를 몰랐습니다. 그 음식을 기부한 사람이 죽을 때까지는 그 내막을 비밀로 하기를 원했기 때문입니다. 그 구체적인 사연은 참으로 흥미진진하지만, 요점만 이야기하자면, 주님께서 한밤중에 그를 불러내어 뮐러의 고아원에 아침 식사를 할 수 있도록 양식을 보내라고 하셨다는 것입니다. 물론 그는 그러한 필요들에 대해서는 전혀 몰랐고, 두 사람이 기도하고 있었다는 것도 몰랐지만, 그 고아원에서 한 달은 먹을 수 있는 양식을 보내 주었습니다. 이 이야기는 엘리야의 여호와 하나님, 나아가서는 우리 주 예수 그리스도의 아버지 하나님을 생각나게 해줍니다.

찰스 잉글리스라고 하는 유명한 전도자가 조지 뮐러에 대해서 언급한 다음과 같은 참으로 특이하고 흥미있는 이야기가 있습니다.

31년 전 처음 미국에 오는 길에 나는 증기선을 타고 대서양을 건넜는데, 그 배의 선장은 내가 지금까지 만나 본 사람들 가운데서도 참으로 독실한 믿음을 가진 사람이었습니다. 뉴펀들랜드의 모래톱을 벗어나자, 그는 내게 이런 이야기를 들려주었습니다.

"잉글리스 선생, 지난번 5주 전에 이곳을 통과할 때 일어났던 참으로 특이한 한 가지 사건이 그리스도인으로서 나의 삶을 통째로 뒤바꾸어 놓게 되었답니다. 그때까지만 해도 나는 미지근한 그리스도인 가운데 한 사람이었답니다. 우리 배에 하나님의 사람 조지 뮐러가 타고 있었습니다. 한 치 앞을 내다볼 수 없는 짙은 안개로 나는 22시간 동안 꼼짝 않고 선교(船橋)를 지키고 있었더랬지요. 그때 누군가 내 어깨를 가볍게 두드리는 사람이 있어 깜짝 놀라 뒤를 돌아봤지요. 그가 바로 조지 뮐러였답니다.

'선장, 나는 토요일 오후까지는 퀘벡에 도착해야 하오'라고 그가 말했습니다. 그날은 수요일이었습니다.

'그건 불가능합니다'라고 내가 대답했지요.

'좋소, 당신의 배가 나를 태워다 줄 수 없다면, 하나님께서 어떤 다른 방법을 강구해 주실 것이오. 나는 지금까지 75년 동안 약속을 어긴 적이 없었소.'

'나도 당신을 도와 드리고 싶소만, 어떻게 할 도리가 없소.'

'해도실로 함께 내려가 기도합시다'라고 그가 말했지요.

나는 이 사람을 쳐다보며 혼자 생각했지요. '이 사람은 돌아도 단단히 돌았군. 말도 안 되는 소리를 하고 있어.'

'뮐러 선생, 이 안개가 얼마나 심한지 알기나 합니까?' 하고 내가 물었지요.

'아니요, 내 눈은 안개가 얼마나 짙은가보다는 살아 계시는 하나님을 보고 있소. 하나님께서는 나의 모든 환경을 주장해 주시는 분이오'라고 그가 대답했습니다.

그는 무릎을 꿇고 짤막한 기도를 하더군요. '오, 주님! 주님의 뜻이라면 이 안개를 5분 이내에 걷히게 해 주십시오. 주님께서는 제가 토요일까지 퀘벡에 도착해야 된다는 것을 알고 계십니다. 저는 그것이 주님의 뜻이라고 믿습니다!' 나는 속으로, '이건 영락없이 대여섯 살 난 어린아이들에게나 어울리는 짓이다'라고 생각했지요.

그의 기도가 끝나자 나도 기도를 하려고 했습니다. 그러나 그는 내 어깨에 손을 얹으며 기도를 하지 말라고 하더군요.

'당신이 기도할 필요가 없는 것이, 첫째는 기도한 대로 하나님께서 해주실 것이라고 당신은 믿고 있지 않

기 때문이며, 둘째는 이미 하나님께서 나의 기도를 들어주셨다고 나는 믿기 때문이오.'

내가 그를 바라보자, 그는 내게 이렇게 말했습니다. '선장, 나는 지금까지 75년 동안 하나님을 믿어 왔지만, 하루도 그분 앞에 나가지 못한 적이 없었소. 자, 일어나 문을 열어 보시오.' 안개는 말끔히 걷히고 없었습니다. 토요일 오후 그는 퀘벡에 도착했습니다."

참믿음

-조지 뮐러

"믿음은 바라는 것들의 실상이요, 보지 못하는 것들의 증거니, 선진들이 이로써 증거를 얻었느니라. 믿음으로 모든 세계가 하나님의 말씀으로 지어진 줄을 우리가 아나니 보이는 것은 나타난 것으로 말미암아 된 것이 아니니라." (히브리서 11:1-3)

"네 짐을 여호와께 맡겨 버리라. 너를 붙드시고 의인의 요동함을 영영히 허락지 아니하시리로다"(시편 55:22). 이 말씀과 같이 나는 날마다 나의 짐을 하나님께 맡기고 있으며, 지금까지 51년 동안을 그렇게 해왔습니다. 내게는 아무것도, 정말로 아무것도 부족한 것이라고는 없었습니다. 돈이 하나도 없을 적도 있어 시련과 어려움을 겪기도 했습니다. 그러나 지난 50년 동안에 주님의 일에 쓸 수 있었던 돈이 수백 만 달러에 이르고 있습니다. 이것에 대해 나는 하나님께 영광을 돌립니다.

나는 간혹 이런 질문을 받곤 합니다. "믿음이 무엇입니까? 믿음의 시련을 어떻게 받아들여야 합니까? 어떻게 해야 믿음이 성장할 수 있습니까?" 내가 그동안 하나님의 은혜로 말미암아 말씀에 나타난 약속들을 믿음으로 따랐을 때 경험했던 사실들을 가지고 설명해 보도록 하겠습니다.

첫째, 믿음이 무엇입니까? 내가 표현할 수 있는 가장 간단한 형태로 답해 보겠습니다. 믿음이란, 하나님께서 성경에 말씀하신 것이 사실이며, 또 성경에 말씀하신 대로 행하실 것이라고 확신하는 것입니다. 하나님의 말씀에 신뢰를 둔 이러한 확신이 곧 믿음입니다. 믿음이란 어떤 생각이나 가능성, 또는 밖으로 나타나 보이는 것이 아닙니다.

생각은 아무래도 변화가 심한 인간의 머리의 산물입니다. 반면에 믿음은 변함없는 하나님의 말씀에 기초를 두고 있습니다. 중요한 것은 우리의 생각이나 느낌이 아닙니다. 성경입니다. 따라서 우리는 성경에 기록된 하나님의 말씀에 뿌리를 내려야지, 우리 자신이나 우리의 생각을 의지해서는 안 됩니다.

우리는 또한 가능성이란 것을 배제해야 합니다. 많은 사람들은 그들에게 가능하게 여겨지는 것들을 믿으려고 합니다. 그러나 믿음은 가능성이 아닌 것입니다. 보고 느끼는 것으로 말미암은 가능성들이 사라지는 곳에 믿음의 새 지평선이 열리게 됩니다.

참으로 많은 하나님의 자녀들이 자신의 믿음이 부족한 것에 대해 실망하고 슬퍼합니다. 그들은 어떤 생각이나 느낌이 들지 않으며 또 그들이 바라는 일이 일어날 가능성이 보이지 않는다고 말합니다(누가복음 18:27). 밖으로 나타나 보이는 것들과 믿음을 혼동해서는 안 됩니다. 우리가 던져야 할 질문은 이것입니다. '하나님께서는 이것에 대해 성경에 말씀해 주셨는가?' 말씀해 주셨다면 바로 그것이 우리 믿음의 근거가 되는 것입니다. 우리가 큰 축복을 누리지 못하는 것은 우리의 생각들이나 가능성, 또는 밖으로 나타나 보이는 것들이나 이처럼 별로 중요하지 않은 것들에 우리의 믿음의 근거를 두기 때문입니다. 우리는 이 모든 것들을 버리지 않으면 안 됩니다. 하나님의 말씀 그 자체만이 우리가 믿음의 뿌리를 내릴 수 있는 곳입니다. 하나님의 말씀, 이것으로 충분합니다.

사랑하는 형제들이여, 이제 여러분은 스스로 다음과 같은 질문을 던져 보아야 합니다. '나는 하나님께서 말씀하신 것을 마음속 깊이 믿고 있는가? 나는 내가 원하는 것이 성경에 하나님께서 말씀하신 바와 일치하는지 일치하지 않는지를 진심으로 알아보고자 하는가?' 이것들에 그렇다고 답할 수 있다면, 당신은 틀림없이 당신의 목표를 이룰 수 있습니다. 그것은 당신이 하나님을 신뢰할 수 있는 만큼이나 확실합니다.

둘째, 믿음의 시련을 어떻게 받아들여야 합니까? 믿음의 성장은 우리의 마음에 하나님께서 역사하실 때 옵니다. 하나님께서는 그분의 자녀들의 믿음이 성장하는 것을 기뻐하십니다. 이를 통해 하나님께서는 이 불경건한 세상과 어두움의 세력들 앞에서 영광을 받으시는 것입니다. 더 나아가 고난과 시련과 역경과 슬픔 가운데서도 하나님을 의뢰하는 우리의 믿음은 다른 그리스도인들을 크게 격려해 줄 수 있습니다. 하나님께서는 이를 통해 다른 사람들을 격려하며 또 이 같은 믿음의 시련을 통해 우리 자신의 믿음이 성장하는 것을 기뻐하십니다. 역경과 장애와 고통과 실패와 슬픔 등에 대해서 우리는 본능적으로 몸을 사리고 피하는 경향이 있지만, 하나님께서는 바로 이것들을 우리의 믿음을 성장시키기 위한 촉진제로 사용하십니다. 어린 아이가 운동과 영양 섭취를 통해 그 신체가 성장하고 발달해 어른이 되어 가는 것과 같이, 그리스도인은 역경을 통해 영적으로 성장해 나갑니다. 갓난아이가 금세 어른이 될 수 없는 것과 마찬가지로 우리는 한순간에 놀라운 믿음의 사람으로 변화될 수 있는 것이 아닙니다. 처음에는 연약한 믿음이라 할지라도 자꾸 연단함으로써 점점 더 강해지는 것입니다.

또한 우리의 믿음의 성장은 하나님께서 이 목적을 위해 사용하시는 방법에 대해 어떠한 태도로 우리가 임하느냐에 달려 있습니다. 하나님의 자녀는 마땅히 그의 믿음을 성장시키시기 위해서 하나님의 손길로부터 오는 이러한 시련과 인내의 연단을 피하려고 할 게 아니라, 기꺼이 맞아들여야 합니다. 시련, 고난, 역경, 슬픔, 곤궁, 이 모든 것들이 바로 믿음의 양식입니다.

나는 하나님의 사랑하는 자녀들로부터 다음과 같은 사연을 담은 편지를 수도 없이 많이 받습니다. "존경하는 뮐러 형제님, 제가 이 편지를 하는 까닭은 저의 믿음이 너무나도 어리고 연약하기 때문입니다." 우리는 자신의 믿음을 강하게 해주시기를 구하는 것만큼이나 자신의 믿음을 강하게 하기 위해서 하나님의 손길로부터 오는 이러한 어려움들을 감수할 각오를 하지 않으면 안 됩니다. 우리는 하나님께서 시련과 슬픔과 고통을 통해 우리의 믿음을 연단시킬 수 있게 해드려야 합니다. 이러한 연단을 통해 우리의 믿음은 점점 더 성장해 나가는 것입니다. 하나님께서는 우리의 믿음이 끊임없이 성장해 나가는 것을 기뻐하시기 때문에, 사랑으로써 이러한 어려움들을 우리에게 허락하시는 것입니다. 그렇기 때문에 우리는 이런 것들을 피하려고 해서는 안 됩니다. 하나님께서 우리에게 근심과 염려, 실패와 고통을 허락하신다면, 그것은 우리의 믿음을 더욱더 굳게 세워 주시기 위한 하나님의 사랑과 관심에서 나온 것이라는 것을 알아야 합니다.

셋째, 어떻게 해야 믿음이 성장할 수 있습니까? 믿음은 성경 속에 자신을 계시해 주신 하나님을 알아 갈 때 성장합니다. 우리는 사람들이 하나님에 관해서 가지고 있는 일반적인 생각이나 지식으로 만족해서는 안 됩니다. 우리는 하나님께서 자신에 대해 보여 주신 사실들을 정확히 알고자 힘써 노력해야 합니다. 우리는 교회나 많은 그리스도인들이 하나님에 대해 가지고 있는 생각이나 개념을 전달받아 아는 정도로 만족하려고 할 게 아니라, 자신을 계시해 주신, 바로 그 근본적인 말씀으로 나와야 합니다.

그리고 때때로 멈추어 말씀을 묵상하기도 하고 하나님을 찬양하기도 해야 합니다. 믿음이 자라기 위해서는 말씀을 충분히 섭취해야 합니다. 하나님의 말씀을 깊이 공부하는 것이 중요한 이유가 바로 여기에 있습니다.

또 믿음은 그리스도를 참으로 알아 갈 때 자라게 됩니다. 말씀을 읽어 나갈 때, 우리는 하나님의 능력, 지

혜, 공의, 거룩함에 대해서뿐 아니라 그분의 온유, 긍휼, 자비, 관용 등에 대해서 깨닫게 되는데, 이 모든 속성들이 또한 우리 구주 예수님 안에 나타나 있는 것을 보게 됩니다. 갈수록 더 우리는 하나님께서 사랑의 하나님이시라는 사실을 깨닫게 될 것입니다. 정말로 그렇습니까? 그렇지 않다면 당신은 하나님을 잘 모르고 있는 것입니다. 참으로 좋으신 사랑의 하나님! 이것이 당신 마음의 깊은 곳에서 우러나오는 외침이 되게 하십시오. 그럴 때 당신은 어느 때 어느 상황에서나 하나님을 무조건적으로 신뢰할 수 있게 될 것입니다. 하나님께서 마치 욥처럼 당신의 생명을 버려두신다 할지라도, 당신은 그분을 신뢰할 수 있게 될 것입니다.

시편 9편을 펴서 읽어 보십시오. 9절과 10절을 당신 자신의 입장에서 생각해 보십시오. "여호와는 또 압제를 당하는 자의 산성이시요, 환난 때의 산성이시로다. 여호와여, 주의 이름을 아는 자는 주를 의지하오리니, 이는 주를 찾는 자들을 버리지 아니하심이니이다." 성경에서 보여 준 대로 하나님을 믿게 되는 사람은 하나님을 크게 기뻐하며, 하나님께서 그를 어떤 상황 가운데로 인도하든지 모든 것이 합력하여 선을 이룬다고 생각하게 됩니다. 따라서 우리가 쓸모 있는 사람이 되고 믿음이 성장할 수 있기 위해서는 말씀 안에 있는 진리의 샘으로부터 하나님에 대한 올바른 개념을 얻는 것이 대단히 중요합니다. 믿음의 연단을 통해, 또 하나님의 말씀을 공부함으로써 우리의 믿음은 성장합니다. 나는 신중하고도 진지하게 이것을 말씀드립니다. 시련을 맛봤던 수많은 하나님의 자녀들도 나와 똑같이 이야기할 것입니다.

우리가 하나님을 사랑이 많으며 참으로 좋으신 분으로 보지 않기 때문에, 누리게 되는 축복도 보잘 것이 없습니다. 오, 그리스도 안에 있는 사랑하는 형제 자매들이여, 이것을 깨닫도록 노력하십시오. 내가 받은 축복은 이루 헤아릴 수가 없습니다! 사망의 음침한 골짜기에서도 나는 하나님을 신뢰할 수 있습니다. 이는 내가 하나님께서는 참으로 선하시며 자비하시며 사랑이 크신 분이심을 알기 때문입니다. 우리를 풀무 속에 던져 넣는 것이 하나님의 뜻이라면 그렇게 하시게 함으로써, 우리는 그분을 더욱 잘 알게 됩니다. 그리하여 우리는 결국 하나님께서는 참으로 선하시며 사랑이 많으신 분이라는 결론에 이르게 되어 하나님을 기뻐하며, "하나님께서는 나의 아버지시니, 하나님의 기쁘신 뜻대로 하시옵소서"라고 말하게 됩니다. 하나님의 살아 있는 말씀을 기초로 해서 이러한 확신을 가진 사람의 믿음은 날로 성장할 것입니다.

오십 년 전 나는 마태복음 6장에 나오는 단순한 약속들을 의뢰함으로 나와 가족들의 필요는 물론 여행 경비나 다른 모든 필요들을 다 하나님께 맡겨 버리고 온전히 하나님께서 나를 주장하실 수 있게 해드리기 시작했습니다. "그러므로 내가 너희에게 이르노니, 목숨을 위하여 무엇을 먹을까 무엇을 마실까 몸을 위하여 무엇을 입을까 염려하지 말라. 목숨이 음식보다 중하지 아니하며 몸이 의복보다 중하지 아니하냐? 공중의 새를 보라. 심지도 않고 거두지도 않고 창고에 모아들이지도 아니하되, 너희 천부께서 기르시나니, 너희는 이것들보다 귀하지 아니하냐? 너희 중에 누가 염려함으로 그 키를 한 자나 더할 수 있느냐? 또 너희가 어찌 의복을 위하여 염려하느냐? 들의 백합화가 어떻게 자라는가 생각하여 보라. 수고도 아니 하고 길쌈도 아니 하느니라. 그러나 내가 너희에게 말하노니, 솔로몬의 모든 영광으로도 입은 것이 이 꽃 하나만 같지 못하였느니라. 오늘 있다가 내일 아궁이에 던지우는 들풀도 하나님이 이렇게 입히시거든, 하물며 너희일까 보냐? 믿음이 적은 자들아. 그러므로 염려하여 이르기를, 무엇을 먹을까 무엇을 마실까 무엇을 입을까 하지 밀라. 이는 다 이방인들이 구하는 것이라. 너희 천부께서 이 모든 것이 너희에게 있어야 할 줄을 아시느니라. 너희는 먼저 그의 나라와 그의 의를 구하라. 그리하면 이 모든 것을 너희에게 더하시리라"(마태복음 6:25-33).

나는 이 하나님의 말씀을 믿고 신뢰하며 그 말씀대로 살았습니다. 나는 말씀하신 그대로 되리라고 하나님을 믿었습니다. 영국에 사는 외국인으로서 나는 7개 언어를 알았기 때문에 이것을 이용하면 좋은 돈벌이도 할 수 있었을 것입니다. 그러나 나는 온전히 주님의 일에만 헌신했으며, 하나님의 약속만을 신뢰했습니다. 그랬을 때 하나님께서는 말씀하신 그대로 이행해 주셨습니다. 나는 부족한 것이라곤 아무것도, 정말로 아무

것도 없었습니다. 시련과 곤경을 겪기도 하고 지갑에 돈이 다 떨어진 적도 있었지만, 하나님께서 내게 보내 주시는 돈은 점점 더 늘어 갔습니다. 지난 51년 동안 이 일을 해오면서 내가 받았던 돈은 수백만 달러에 이릅니다. 또 지난 51년 동안 내가 해왔던 목회를 생각해 보면, 참으로 큰 시련과 어려움과 곤경이 있었습니다. 시련과 어려움은 언제나 있게 마련입니다. 그러나 하나님께서 그분의 일을 계속하게 해주셨습니다.

그런데 누군가 이야기했듯이, 이것은 내가 위대한 정신력의 소유자이기 때문이거나, 특별한 힘과 인내력을 받은 사람이기 때문에 가능했던 것이 아닙니다. 그 이유는 내가 하나님을 신뢰했던 데 있으며 하나님을 찾고 추구했던 데 있습니다. 하나님께서는 우리를 돌보아 주셔서 백여 개의 학교와 선생님들, 그리고 고아원 이외의 또 다른 일들을 이끌어 나갈 수 있도록 도와주셨습니다. 이 일을 하면서 겪었던 어려움은 실로 엄청납니다. 그러나 나는 주를 바라는 자는 수치를 당하지 아니한다(시편 25:3)고 하신 말씀을 믿었습니다. 하나님께서는 나를 붙들어 주셨습니다.

한번은 미국에서 주님 안에 있는 한 형제가 나를 만나러 왔었습니다. 그는 많은 짐에 시달려 지치고 힘없는 한 늙은이를 보리라 생각했습니다. 그렇지만, 그는 내가 그렇게 늙어 보이질 않는 걸 보고는 놀랐습니다. "그렇게 많은 짐을 짊어져 왔으면서 어떻게 이렇게 정정하실 수 있습니까?" 하고 그가 물었습니다. 나는 이렇게 대답했습니다. "나는 언세나 모든 짐들을 주님 앞에 가지고 나갔지요. 실제로 내가 진 짐은 2백분의 일도 되지 않습니다."

주님의 은혜를 힘입는 이것이야말로 참으로 쉼을 누릴 수 있는 비결입니다. 지금 내 나이 일흔하고도 여섯이지만 아직도 나는 대학에서 공부하고 라틴어 연설을 준비하던 젊은 시절만큼이나 많은 일을 할 수 있는 육체적, 정신적 힘이 있습니다. 나는 지금도 그때와 똑같은 활력이 있습니다. 어떻게 해서 이것이 가능한 것입니까? 하나님의 도우심을 믿고 반세기 동안 나는 마치 어린아이처럼 단순하게 하나님만을 꼭 붙들었기에 그 시련을 벗어날 수 있었습니다. 짐을 하나님께 맡긴다는 것은 특권인 동시에 강한 명령이기도 합니다. 우리 모두 그렇게 하도록 합시다! 그리스도 안에 있는 나의 사랑하는 형제 자매 여러분, 여러분의 짐을 하나님께 맡겨 버리십시오! 그러면 하나님께서 여러분을 붙들어 주실 것입니다(시편 55:22). 나는 날마다 그렇게 하고 있습니다. 오늘 아침 나는 내가 담임하고 있는 교회에 관계된 60가지의 문제를 하나님 앞에 가지고 나갔습니다. 날마다 나는 이렇게 하고 있으며, 10년, 30년, 50년간을 해마다 그렇게 해왔습니다. 사랑하는 형제 자매 여러분, 진심으로 여러분에게 권면합니다. 여러분의 모든 짐들, 여러분의 일이나 직장, 가정의 모든 문제들을 믿음으로 하나님께 가지고 나가십시오. 하나님께서 도와주실 것입니다.

많은 사람들이 내가 돈 문제에 대해서만 기도로써 하나님을 의뢰한 줄로 생각합니다. 내가 이 돈 문제를 하나님께 가지고 나간 것은 사실이지만, 그것은 내가 하나님께 가지고 나가서 응답을 받았던 수많은 일들 가운데 한 가지에 불과합니다. 나는 우리 일에 적합한 사람들을 찾는 데 어려움을 겪고 있습니다. 때로는 여러 주, 여러 달이 그냥 지나가기도 하지만, 나는 날이면 날마다 그 문제를 하나님 앞에 가지고 나갑니다. 그러면 하나님께서는 틀림없이 도와주십니다. 이것은 영혼을 구원하는 문제에 있어서도 마찬가지입니다. 영혼들을 위한 기도는 조만간 찬양으로 바뀌는 것입니다. 전도지와 성경책을 배포하는 데 드는 돈과 선교기금을 마련하는 데 있어서도 역시 기도는 효력을 발휘합니다. 얼마 후 하나님께서는 그 기도를 들어 응답하시는 것입니다. 하나님께서는 결코 우리를 버려두시지 않으며, 곤란한 가운데 그냥 두시지 않습니다.

그러나 단번에 온전한 믿음에 이르리라고는 기대하지 마십시오. 나는 단번에 온전한 믿음으로 도약하는 그런 일은 있을 수 없다고 믿습니다. 나는 그것을 믿지 않으며, 또 내가 그것을 믿지 않는다는 것을 여러분에게 분명하게 말씀드리고 싶습니다. 이 모든 것들은 자연스런 과정을 따라 일어납니다. 내가 얻었던 것들 가운데 일순간에 얻어진 것은 하나도 없습니다. 나의 믿음은 결코 일순간에 얻어진 믿음이 아닙니다. 내가 특별히 이것을 밝히는 이유는 자신의 믿음을 더 강하게 하고 싶다는 이들로부터 많은 질문을 받기 때문입니다. 하나님의 말씀 위에 당신 영혼의 닻을 내리십시오. 그러면 그 믿음을 따라 사는 그만큼 당신의 믿음은 자랄 것입니다.

한 가지만 더 말씀드리겠습니다. "나는 결코 조지 뮐러와 같은 믿음은 가질 수 없을 것이다"라고 말하는 사람들이 있습니다. 이것은 잘못된 말입니다. 조금도 타당성이 없는 참으로 잘못된 말입니다. 내가 가진 믿음이 있다면 그것은 은혜이지 은사가 아닙니다. 내가 가진 믿음은 모든 하나님의 자녀들이 다 가질 수 있는 그런 믿음입니다. 그것은 바로 시몬 베드로가 가졌던 믿음이며, 그리스도인들이라면 모두 가질 수 있는 그런 믿음입니다. 나의 믿음이나 그들의 믿음이 다 같은데, 다만 다른 것이 있다면 나의 믿음은 사용함으로써 조금 더 계발된 것이 다를 뿐입니다. 은혜의 믿음에 대해서 다음 사실을 명심하십시오. '그것은 하나님의 말씀과 관계가 되어 있다. 그것은 언제나 사랑이 동반된다. 그것에는 영적 능력이 따르기에 귀신들에게도 주님의 이름으로 명할 수 있게 된다.' 그리스도인이라면 누구나 그런 믿음을 누릴 수가 있습니다. 그것은 단번에 주어지는 은사가 아니고, 하나님의 성령에 의해 일생에 걸쳐 날마다 계발되는 것입니다.

자, 이제 사랑하는 형제 자매 여러분, 작은 것부터 시작하십시오. 처음에 나는 하나님께 10달러를 의뢰할 수 있었고, 다음에는 100달러, 그 다음에는 1,000달러, 이렇게 해서 지금은 수십만 달러도 쉽게 의뢰할 수 있습니다. 구해야 될 필요가 있다면 몇 백만 달러도 의뢰할 수 있을 것입니다. 그러나 구하기에 앞서 나는 먼저 세심하고 주의 깊게, 내가 의뢰할 것이 무엇이며 또 주님의 말씀 안에 있는 약속과 일치하는 것인지 따져 봅니다. 그래서 주님의 뜻에 일치하는 것이라면, 액수가 얼마나 많으냐 하는 것은 전혀 문제가 되지 않습니다.

지난 51년 동안 하나님께서는 나를 실망시키신 적이 한 번도 없습니다. 당신도 당신의 짐을 하나님께 맡기고 하나님께서 그분의 말씀에 얼마나 신실하신 분인가 경험해 보십시오.

조지 뮐러가 가졌던 믿음과 그 원천이 어떤 것이었

는지는, 1843년 그가 온통 문제 가운데 있을 때 보였던 반응을 통해서도 생생하게 잘 알 수 있습니다.

나의 길을 가로막고 있는 엄청난 어려움 가운데서도 나는 놀라운 만족이 있다. 지금까지 그 어려움들은 나를 실망 가운데 빠지게 하기보다는 오히려 나의 영혼에 빛을 주었다. 나는 이 문제에 있어서도 오직 주님의 뜻 행하기만을 바랐다.… 어려움이 더 클수록, 기도로써 그것들이 사라지는 날, 내가 하나님을 올바로 의뢰했다는 증거는 더욱더 분명하게 드러날 것이다.… 내가 할 수 있는 것은 기도밖에 없었다. 모든 필요와 어려움에 대한 보편적인 치료제인 기도와 믿음, 그리고 이 기도와 믿음의 양식이 되는 하나님의 말씀, 이것들이 모든 어려움을 헤쳐 나갈 수 있도록 나를 도와주었다.

부록 1
응답받는 기도의 다섯 가지 조건

1. 응답을 주장할 수 있는 유일한 근거로시 주 예수 그리스도의 공로와 중보를 전적으로 의뢰할 것(요한복음 14:13-14, 15:16 참조).

2. 모든 죄로부터 떠날 것. 우리가 마음에 죄악을 품으면, 주님께서 우리 기도를 듣지 않으신다(시편 66:18).

3. 하나님께서 주신 약속의 말씀을 믿을 것. 하나님의 말씀을 믿지 않는 것은 하나님을 거짓말쟁이요 사기꾼으로 만드는 것과 같다(히브리서 11:6, 6:13-20).

4. 하나님의 뜻을 따라 구할 것. 경건한 동기를 가지고 구해야지, 육신의 정욕을 위해서 구해서는 안 된다(요한일서 5:14, 야고보서 4:3).

5. 끈질기게 간청할 것. 농부가 오래 참음으로 추수

를 기다리는 것과 같이 하나님의 응답을 바라고 기다려야 한다(야고보서 5:7, 누가복음 18:1-8).

부록 2
하나님의 뜻을 확신하는 법

1. 처음에는 해당 문제에 대한 선입견이 생기지 않도록 마음을 비우기에 힘쓴다. 십중팔구 우리가 당하는 어려움이 바로 여기에 있다. 주님의 뜻이라면 무엇이든지 순종할 마음의 준비가 되어 있으면 문제는 거의 다 해결된 셈이다. 보통 이런 마음 상태에서는 하나님의 뜻이 어렵지 않게 발견된다.

2. 느낌이나 인상으로 단정을 내리지 않는다. 그렇게 단정하는 경우에는 큰 실수를 하기가 쉽다.

3. 하나님의 말씀을 통해서 성령께서 보여 주시는 뜻을 찾는다. 성령과 말씀은 반드시 병행해야 한다. 말씀 없이 성령만을 의뢰할 경우에도 큰 잘못에 빠지기가 쉽다. 성령께서는 말씀과 일치되게 우리를 인도하시지, 말씀과 어긋나게 우리를 인도하시지는 않는다.

4. 다음으로, 환경을 통해 보여 주시는 뜻이 무엇인지 생각해 본다. 이렇게 할 때 하나님의 말씀과 성령을 통해 보여 주신 하나님의 뜻이 분명하게 드러나는 경우가 종종 있다.

5. 기도로써 하나님의 뜻을 올바르게 보여 주시도록 간구한다.

6. 이처럼 기도를 통해 또 말씀과 묵상을 통해 자신이 가진 능력과 지식을 최대로 활용해 결정을 내리게 된다. 이렇게 해서 마음에 평안이 있고, 두세 번 더 기도한 다음에도 평안이 여전한 경우에는, 하나님의 뜻으로 알고 밀고 나간다.

사소한 문제에 있어서나 중대한 문제에 있어서나, 이 방법이 내게는 언제나 효과가 있었습니다.

부록 3
지속적이고 체계적인 성경 읽기

나는 수많은 다른 그리스도인 젊은이들처럼 성경보다 먼저 신앙 서적을 찾는 잘못에 빠졌습니다. 이전처럼 정신을 살찌운답시고 불어나 독어로 된 소설들을 더 이상 읽지는 않았지만, 성경책은 내 서재의 한 귀퉁이도 차지하지 못하고 있었습니다. 나는 소책자, 선교 보고서, 설교집, 경건한 위인들의 전기를 읽었습니다. 그래도 이런 종류의 책들은 다른 문학 서적들보다는 더 유익했습니다. 내가 그것들을 탐닉하지 않고 또 그것들을 통해 내가 성경 말씀을 사랑할 수 있게 되었더라면, 그것들은 정말로 큰 유익이 되었을지도 모를 일입니다. 그러나 나는 그때까지 성경을 가까이하지 않았습니다. 열다섯 살이 되기 전까지는 그래도 학교에서 가끔씩은 성경을 읽을 때도 있었습니다. 하지만 그 후로 하나님의 책은 완전히 내 손을 떠났고, 내가 기억하기로 하나님의 일을 시작하기 전까지 한 장도 채 읽지 못했습니다. 나는 성경에 대해서 아는 거라곤 하나도 없었습니다. 그러나 성경을 읽고 이해하려고 하기보다는 하나님의 말씀에 대한 무지, 그 말씀을 이해하는 데 느끼는 어려움, 읽는 데 따르는 지루함 등으로 말미암아 성경 읽기를 소홀히 하고 말았습니다. 사실 기도 가운데 성경을 읽으면, 많은 지식뿐 아니라 기쁨을 얻게 되지만 나는 그것을 알지 못했던 것입니다. 그래서 나는 다른 많은 그리스도인들과 마찬가지로 하나님을 믿은 처음 4년 동안은 살아 계신 하나님의 말씀보다는 신앙 서적들을 주로 읽었습니다.

그래서 나는 지식에 있어서나 은혜에 있어서나 어린아이의 수준에 머물러 있었습니다. 지식이라 함은 성령에 의해서 하나님의 말씀으로부터 오는 참지식을 의미합니다. 말씀을 소홀히 했기 때문에 거의 4년 동안이나 믿음의 기초에 대해서조차 분명하게 알지 못하는 무지함 가운데 지냈습니다. 말씀에 대한 이 무지 때문에 하나님께서 주시는 참자유를 누리지 못했습니다.

육신의 정욕과 안목의 정욕과 이생의 자랑으로부터 우리를 해방시켜 참자유를 누릴 수 있게 해주는 것이 진리이기 때문입니다(요한복음 8:31-32). 말씀이 그것을 증명합니다. 믿음의 위인들의 삶이 그것을 증명합니다. 또 나 자신의 경험을 통해서도 나는 그것을 분명하게 알 수 있습니다. 1829년 8월에 들어 비로소 말씀을 가까이하기 시작했는데, 그때부터 나의 삶은 크게 달라지기 시작했습니다. 아직도 멀긴 했지만, 그때 이후 지금까지 나는 하나님의 은혜로 이전보다는 하나님을 가까이하는 삶을 살아올 수 있게 되었습니다.

이 글을 읽는 그리스도인들 가운데 성경보다 다른 책들을 더 좋아하며, 하나님의 말씀보다 사람이 쓴 책을 더 즐겨 읽는 사람이 있다면, 나의 예를 통해 경고를 받기 바랍니다. 나는 여러분이 지금까지는 다른 책들에 더 매료되어 왔다 할지라도 이제부터는 성경을 더 사랑할 수 있게 되기를 바랍니다. 나는 불필요하게 또 다른 책 한 권을 더 늘리고 싶지 않습니다. 오직 나의 실수를 통해 많은 형제 자매들이 경계를 받고 또 성경을 가장 가치 있게 여기며, 말씀을 그들의 모든 행동에 대한 지침으로 삼게 되리라는 희망과 확신을 가지고 나는 이 글을 씁니다.

누가 내게 성경 말씀을 어떻게 읽어야 가장 효과적이냐고 묻는다면, 나는 다음과 같이 대답할 것입니다.

1. 명심해야 할 것은 무엇보다도 하나님께서 성령으로 말미암아 우리를 가르치실 수 있으며, 따라서 말씀을 읽기 전에 또 말씀을 읽으면서 하나님께 깨우쳐 주시도록 기도해야 한다는 것입니다.

2. 이와 더불어 우리가 알고 있어야 할 것은, 성령만이 우리에게 필요하고도 가장 뛰어난 선생이시지만 우리가 원한다고 해서 언제나 즉각적으로 가르쳐 주시지는 않으며, 따라서 어떤 구절들에 대해서는 그 뜻을 보여 주시길 거듭해서 간청해야 하기도 한다는 것입니다. 그러나 우리가 진심으로 하나님의 영광을 구하는 마음으로 인내로써 구하면, 하나님께서는 반드시 그 뜻을 가르쳐 주신다는 사실을 명심해야 합니다.

3. 구약과 신약을 매일 일정량씩 읽어 나가 성경 전체를 체계적으로 읽음으로써 하나님의 말씀을 전체적으로 이해하는 것은 대단히 중요합니다. 이것이 중요

한 이유는 다음과 같습니다. 첫째, 각 책의 연관 관계를 아는 데 도움이 됩니다. 어떤 부분만을 뽑아서 읽는다면, 성경의 많은 부분을 이해하지 못할 것입니다. 둘째, 우리는 육적으로뿐만 아니라 영적으로도 여러 가지 다양한 영양분을 공급받아야 합니다. 그래서 주님께서는 주님의 말씀에도 이 같은 다양성을 주신 것입니다. 셋째, 여기저기서 어떤 부분만을 발췌한다는 것은 곧 어떤 부분은 다른 부분보다 더 낫다든가, 또는 성경에 보여 준 어떤 진리는 유익하지 못하거나 불필요하다고까지 말하는 것과 같기 때문입니다. 넷째, 이렇게 체계적으로 성경 전체를 통독해 나감으로써 우리는 어떤 특별히 좋아하는 견해에만 사로잡히지 않고 성경 전체의 개념을 균형 있게 파악하게 됨으로써 잘못된 견해에 빠지지 않을 수 있게 됩니다. 다섯째, 성경 전체에 걸쳐 하나님께서 보여 주신 모든 뜻들을 찾도록 해야 합니다. 오늘날에도 성경 전체를 한 번도 다 읽지 못한 사람들이 많은데, 날마다 빠뜨리지 않고 하루 몇 장씩만 읽으면 일 년에 한 번은 다 읽을 수가 있습니다.

4. 우리가 읽은 말씀에 대해 묵상하는 것은 대단히 중요한 일입니다. 읽은 것 가운데 몇 구절만 가지고 묵상한다든지, 시간이 허락하면 읽은 내용 전체에 대해서 하루 종일 묵상할 수도 있을 것입니다. 또는 성경의 한 책이나, 서신서, 복음서의 한 부분을 날마다 규칙적으로 묵상해 보는 것도 좋을 것입니다.

성경학자들이 쓴 주석은 하나님의 진리에 대한 많은 지식들이나 생각들을 우리의 머리에 넣어 줍니다. 그러나 기도와 묵상을 통해 성령의 가르침을 받을 때는 우리의 마음이 채움을 입게 됩니다. 전자와 같은 지식은 일반적으로 쉽게 증발해 버리고 다른 견해가 제기돼 반박을 받는 경우도 흔하며, 막상 삶 가운데 옮기려고 할 것 같으면 아무런 소용도 없는 것이 될 수 있습니다. 그러나 후자의 지식은 보통 우리를 겸손하게 해주며, 우리에게 기쁨을 가져다주고, 우리를 하나님께 더 가까이 이끌어 주며, 이러한 지식은 반박의 여지도 거의 없습니다. 그리고 이것은 하나님으로부터 직접 온 것이기 때문에 우리 마음속에 파고들어 우리의 한 부분이 되고, 또 삶으로도 나타나게 됩니다.

* 네비게이토 소책자 시리즈 *

1. 성경암송을 통하여 주님께로 돌아오다 ······ 도슨 트로트맨
2. 시대의 요청 ······ 도슨 트로트맨
3. 재생산을 위한 출생 ······ 도슨 트로트맨
4. 수레바퀴 예화 ······ 네비게이토
5. 일대일 사역 ······ 잭 그리핀

6. 제자의 특징 ······ 론 쎄니
7. 하나님의 뜻을 아는 법 ······ 러쓰 존스톤
8. 기도의 하루를 보내는 방법 ······ 론 쎄니
9. 기도 응답을 받는 방법 ······ 제리 브릿지즈
10. 경건한 여인 ······ 라일라 스팍스

11. 전도를 즐기는 삶 (영문판 : A Life that Enjoys Evangelism) ······ 하진승
12. 섬김을 위한 부르심 ······ 레이 호
13. 정 직 ······ 헬렌 애쉬커
14. 그리스도를 닮아감 ······ 짐 화이트
15. 최후의 승리를 얻기까지 ······ 월터 헨릭슨

16. 전도의 열정 ······ 로버트 콜만
17. 영적인 의지력 ······ 제리 브릿지즈
18. 사고방식의 변화 ······ 조지 산체스
19. 대인 관계의 성서적 지침 ······ 조지 산체스
20. 말씀의 손 예화 ······ 네비게이토

21. 열 심 (영문판 : ZEAL) ······ 하진승
22. 원만한 결혼 생활 ······ 잭 & 캐롤 메이홀
23. 조지 뮐러 ······ A.심즈
24. 말씀 중심의 삶 ······ 하진승
25. 주제별 성경 암송 제1권 ······ 네비게이토

26. 주제별 성경 암송 제2권 ······ 네비게이토
27. 주제별 성경 암송 제3권 ······ 네비게이토
28. 서로 돌아보아 ······ 하진승
29. 양 육 ······ 네비게이토
30. 경건이란 무엇인가 ······ 제리 브릿지즈

31. 권위와 복종 ······ 론 쎄니
32. 고난 중 도우시는 하나님 ······ 샌디 에드먼슨
33. 기도의 특권을 누리자 ······ 하진승
34. 은혜로운 말 ······ 캐롤 메이홀
35. 하나님을 의뢰함 ······ 제리 브릿지즈

36. 친밀한 부부 관계의 원리 ······ 짐 & 제리 화이트
37. 배우는 자로 살자 (영문판 : Live as a Learner) ······ 하진승
38. 합력하여 선을 이루시는 하나님 ······ 리처드 크렌즈
39. 고난 중의 소망 ······ 덕 스팍스
40. 청년의 시기를 어떻게 보낼 것인가 (영문판 : How to Live Out Our Youth) ··· 하진승

* 네비게이토 소책자 시리즈 *

41. 약속을 주장하는 삶 ······ 덕 스팍스
42. 경건의 시간을 갖는 법 ······ 워렌 & 룻 마이어즈
43. 개인의 중요성 ······ 론 쎄니
44. 헌 신 ······ 로버트 보드만
45. 내가 배운 교훈들 ······ 오스왈드 샌더스

46. 하나님의 말씀은 ······ 하진승
47. 현숙한 여인 ······ 신시아 힐드
48. 어떻게 친구를 사귈 것인가 ······ 제리 & 메리 화이트
49. 외로움을 느낄 때 ······ 엘리자베스 엘리엇
50. 하나님께서는 당신의 직업을 귀히 여기신다 ······ 셔먼 & 헨드릭스

51. 자녀의 자부심을 키워 주는 법 ······ 게리 스몰리 & 존 트렌트
52. 직장 생활에서 낙심될 때 ······ 덕 셔먼
53. 스트레스를 다루는 법 ······ 난 워릭
54. 서로 의견이 엇갈릴 때 ······ 잭 & 캐롤 메이홀
55. 그리스도인의 삶의 올바른 동기 ······ 하진승

56. 나를 기뻐하시며 사랑하시는 하나님 ······ 룻 마이어즈
57. 제자삼는 삶의 동기력 ······ 짐 화이트
58. 기도 - 보이지 않는 적과의 싸움 ······ 제리 브릿지즈
59. 효과적인 간증 ······ 데이브 도슨
60. 감격하며 살아야 할 그리스도인 ······ 하진승

61. 믿음의 경주 ······ 잭슨 양
62. 사도 바울의 영적 지도력 ······ 오스왈드 샌더스
63. CARE(서로 보살피는 부부) ······ 하진승
64. 참 특이한 기도(PPP: Pretty Peculiar Prayers) ······ 하진승
65. 모세의 순종 ······ 웡킴톡

66. 상급으로 주신 자녀 ······ 하진승
67. 하나님께서 쓰시는 사람 ······ 월터 헨릭슨
68. 기도의 본 ······ 워렌 & 룻 마이어즈
69. 다윗의 한 가지 소원 ······ 조이스 터너
70. 생명을 구하는 삶 ······ 피터슨 & 드렐켈드

71. 순종의 축복 ······ 마르다 대처
72. 참 좋으신 하나님 아버지 ······ 리로이 아임스
73. 하늘에 보물을 쌓는 삶 ······ 잭 메이홀
74. 거룩 : 하나님께 성별된 삶 ······ 헬렌 애쉬커
75. 가정의 중요성 (영문판 : Importance of Home & Family) ······ 하진승

76. 날마다 제 십자가를 지고 ······ 하진승
77. 제자의 올바른 태도 ······ 론 쎄니

조지 뮐러

1987년 9월 12일 초판 1쇄 발행
2013년 9월 5일 개정 1쇄 발행
2021년 7월 1일 개정 3쇄 발행

펴낸곳: 네비게이토 출판사 ⓒ
주소: 03784 서울시 서대문구 연희로 16 (창천동)
전화: 334-3305(대표), 334-3037(주문), FAX: 334-3119
홈페이지: http://navpress.co.kr
출판등록: 제10-111호(1973년 3월 12일)
ISBN 978-89-375-0467-9 02230